101個好習慣

讓小孩子改變大世界

奧布萊・安德魯斯 著

新雅文化事業有限公司
www.sunya.com.hk

目錄

想改變世界，從 小事 開始！

你大概很難相信，只是改變自己一個微小的習慣，最終卻改變了世界。但這是千真萬確的事！事實上，所有偉大的成就都是從某個人決定以不同的方式做事而開始。而你也可以成為「這個人」！

以下是一些人們在日常生活中的小改變，卻帶來重大影響的例子：

如果地球上每個人都種一棵樹，就會多了70億棵樹吸收二氧化碳。（二氧化碳是造成溫室效應的氣體之一，它會把熱力困在大氣層中，使地球的氣溫越來越高。）

在進行書中的任何活動前，請先得到成人准許，還要牢記所有保護地球的英雄，也懂得怎樣保護自己！

如果每個美國人回收一個鋁罐，那麼可以生產合共2.95億個新鋁罐。

書中的建議能改變世界，如能跟你身邊的人分享這些建議，相信效果一定更好。不要猶疑了，邀請你的朋友和家人一起行動吧！

如果你每天把淋浴時間縮短3分鐘，便能節省30公升的水。

你明白了嗎？以上種種改變只需要一個小小的行動，或稍微調整一下習慣，甚至付出一丁點努力就可以達成。即使是小朋友，也有能力令世界變得不一樣。趕快翻到後面看看，你會發現有很多改變世界的行動，而你可以把這些行動培養成習慣！

要解決一個大難題，有時的確會令人不知所措。請你不要氣餒，保持積極的態度去面對，記住一點一滴的改變也會有幫助。

當你閱讀這本書時，你可以從頭到尾一頁一頁地讀，也可隨意翻開一頁來讀；或是翻到第108頁的自我檢測表，先選讀你比較喜歡的主題。最重要的是你開始閱讀，所有開始都有機會迎來不一樣的未來啊！

關愛別人

細心看看你身邊的家人和朋友，他們偶爾會
需要你幫忙！向他們伸出援手，除了能令他們安
心，你也會覺得很開心。

在學校當個小幫手

給你一些挑戰吧！請參考以下建議，試試在上學時幫助你的朋友、老師或同學。

1 保持微笑！

臉上掛着微笑，是表示友善的通用「語言」。當你微笑時，即使心裏感到沮喪，也會覺得好一點。而且，你注意到微笑是具有感染力的嗎？試試對着在走廊上遇見的某個人微笑，看看會發生什麼事情？

2 主動跟轉校生說話

你可以試試這個輕鬆快捷的方法：介紹自己，來歡迎剛轉校而來的新朋友。你還可參考右面的例子，用一句簡單的話打開話題。說一說，會讓他們的世界更美妙！

你的家在哪裏？是剛搬到附近嗎？

嗨！

早晨！

喂，你要不要跟我們一起坐？

你喜歡踢足球嗎？我們還需要一個球員。

你好！

③ 感謝別人的付出

請想像一下，要令一間學校每天正常運作真的需要很多人：老師、圖書館管理員、負責午餐的工作人員、風紀、助教等。如能寫一張感謝卡給這些人，表揚他們為學校做的一切，這不是一件很美好的事嗎？你可以在感謝卡上寫上：

你的付出令學校變得很好，謝謝你！

你讓每個上學的日子變得更好。

沒有了你，學校從此就不一樣了！

這裏的學生需要你的幫忙！

④ 教同學做功課

你的數學成績好嗎？你對歷史是不是瞭如指掌？你的寫作技巧十分出色？如果你擅長某個科目，請試試幫助正在為這個科目而煩惱的同學吧！你也可以當個大哥哥、大姐姐義工，教導一些低年級同學。只要你願意的話，相信老師能為你安排。

勇敢地面對欺凌

欺凌可不是好玩的事。不管你是被別人欺凌，還是看到有人欺凌你的朋友、同學，請不要默默忍受或視而不見，應當馬上制止。當你面對以上情況時，不妨試試這樣做：

勇於求助！

如果你覺得被人排擠，對周遭感到不安，請立即向老師或其他成人尋求幫助。

第一步

直視欺凌你的人，自信地跟他說話，例如：

這讓人很不舒服，一點都不好笑。

朋友之間不會這樣對待對方。

請你馬上停止。

什麼是欺凌？

欺凌是惡劣的行為。如果有人經常命令你做事，讓你感到尷尬，甚或令你受傷，那就是欺凌。欺凌包括言語上的攻擊，例如恐嚇、說謊、嘲弄；以及身體上的攻擊，例如推撞或刻意毀壞你的東西。

第二步

離開現場，去找成人幫忙。你可以告訴老師或輔導員發生了什麼事，聽聽他們的意見，思考接下來的行動。

我有欺凌別人嗎?

欺凌並非你想像中那麼明顯,有時一些小動作或無心的批評,也會令對方感覺不自在。比如刻意沒有邀請某個朋友參加生日會,或對經常下棋的人說悶蛋才會喜歡下棋。

6 散播善意

欺凌的相反是什麼?沒錯,就是友善。你對好朋友當然會很體貼,但更重要是懂得顧及每個人的感受,包括同學和陌生人。雖然每個人都有不同喜好愛惡、嗜好、外表和能力,但大家都值得受到仁慈的對待。你可以參考以下的一些建議,試試在學校裏友善地待人:

☑ 嘗試站在別人的位置,想想會有什麼感受。你會感到不自在、難過或生氣嗎?如果是這樣,或許是時候要改變一下。

☑ 即使別人對你不友善,你也要善待別人,讓別人知道仁者無敵!

☑ 要包容他人,不要排斥別人。參與羣體活動時,盡量顧及每一個人。

☒ 請不要竊竊私語或在背後談論別人。

7 隨時當個小幫手

在上學的日子裏，老師和其他職員都非常忙碌。畢竟要讓學校順利地運作，需要很多人分工合作。假如你願意伸出援手，或許可以令他們的日子過得輕鬆一點，例如：吃過午飯幫忙收拾餐具，在圖書館閱讀後把書放回書架上，小息時撿起地上的垃圾等。

請幫圖書館管理員把書放回書架上。

小息時，如果你看到地上有垃圾，請撿起來放進垃圾箱裏。

小息過後或上完體育課，請把運動器材收拾好，並放回原處。

請幫忙派發或收集功課。

⑧ 組織學校活動

你打算在放學後參加興趣小組嗎？可是，假如你想參加的興趣小組並不存在，那就自己動手開辦吧！你可以主動找老師商量，請教他們該從何開始。你還可以邀請朋友成為發起人，一起成立新的興趣小組！

棋藝學會

天文學會

話劇學會

話劇　編織

桌遊　繪畫

天文　魔術

棋藝　詩歌

幫助朋友

當你有需要的時候，守候在身邊的人就是朋友，對吧？

⑨ 為朋友打氣

如果你有朋友因生病或受傷而留在家裏休息，你該如何幫助他呢？你可以把功課和需要的參考書帶給他，把老師講課的內容告訴他，跟他分享校園的生活點滴；或者親手做一份小禮物送給他，例如友誼手鏈或慰問卡，祝福他早日康復。當然最重要的禮物，就是給他送上一個鼓勵的笑容！

⑩ 給朋友一個擁抱

擁抱對我們身心有益！科學家發現擁抱有助減低壓力和負面情緒，甚至可以降低患上感冒的機會。因此，如果你的朋友感到沮喪，趕快給他一個緊緊的擁抱吧！這個小小的行動既簡單又不用花錢，更可讓你倆心頭一暖。

給你一個抱抱

⑪ 稱讚朋友

坦白地告訴朋友他有什麼好處——稱讚朋友毋須任何理由或藉口！快給他寫一張心意卡，或面對面稱讚他，讓他樂翻天吧！

> 你經常令我開懷大笑，真是充滿幽默感！

> 我欣賞你豐富的創造力。

> 你今天在足球比賽中表現得非常好。

> 你做的科學報告是全班最好的。

> 你真是很好的朋友，總能讓我在失意時振作起來。

⑫ 衷心慶賀朋友的成就！

當朋友獲得一些你一直渴望得到的東西時，你很容易會感到妒忌，例如：他在考試中取得好成績，在足球比賽中入了球，或是享受了一個好玩的假期。但如果你能把這些妒忌的情緒放在一旁，而打從心底為朋友高興的話，你的心情將會變得輕鬆一點。你可以試試這樣祝賀朋友：

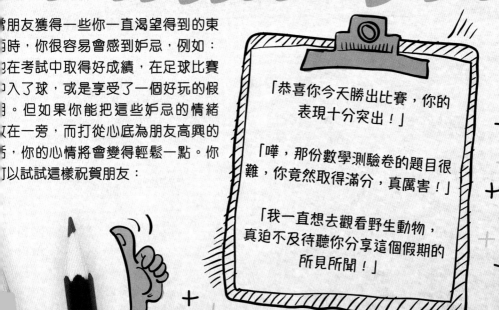

「恭喜你今天勝出比賽，你的表現十分突出！」

「嘩，那份數學測驗卷的題目很難，你竟然取得滿分，真厲害！」

「我一直想去觀看野生動物，真迫不及待聽你分享這個假期的所見所聞！」

在家當個小幫手

　　或許你不曾注意到：必須花大量時間和精力，才能維持家庭每天的基本運作。因此每個家庭成員都應該分擔這些繁瑣的工作，例如：做大大小小的家務，處理各類賬單，為大家做飯等。

13 分擔家務

唉，做家務的確不是好玩的事，但我們卻必須完成這些沉悶的日常工作。如果所有家務都由父母來做，那就太不公平了，對不對？你也可以分擔部分家務，例如洗衣服、洗碗、倒垃圾和整理牀鋪。

請你跟家人坐下來，一起列出每星期需要完成的家務清單，然後商量給每位家庭成員分配哪些家務，並把清單貼在大家都看得到的地方作為提醒。只要分工合作，一定能把家務做得更好！

掃呀！

掃呀！

清潔地板

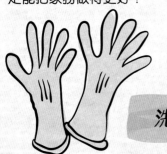

洗碗

給植物澆水

⑭ 稱讚家人

感謝每一位家庭成員，你們獨有的個性和才能使每個家庭都與別不同。你可以親手做一些小獎牌，然後在家裏舉行頒獎儀式，為對家庭有特殊貢獻的成員頒發獎項。

- 最佳廚師獎：
  獻給為大家做飯的人。

- 最早起牀獎：
  獻給起牀總是起得最早的人。

- 房間整潔獎：
  獻給把牀鋪整理得乾乾淨淨的人。

- 勤奮獎：
  獻給工作勤奮得忘了放假的人。

- 最佳司機獎：
  獻給駕車接送家人到不同地方的人。

- 快樂天使獎：
  獻給經常使大家笑口常開的人。

✂ 小獎牌DIY

製作方法：

- 剪出一段長30厘米的絲帶，把它對摺。
- 把絲帶貼在一張圓形小紙片的底部。
- 在圓形小紙片的邊緣貼上一些正方形紙碎作裝飾。
- 最後用水筆在圓形小紙片上寫上獎項的名稱。

⑮ 對家人表達關心

你的父母為家庭付出了很多時間和愛心，當中還有不少你不知道的辛酸。你最後一次跟父母說「謝謝」是什麼時候呢？請試試用以下方式，令他們感到備受重視：

好好跟父母溝通

你可以送一份免費的禮物給父母，那就是「聊天」。當父母問：「你在學校過得怎麼樣？」請不要只回答「很好」，而是告訴他們當天發生了什麼事情，相信他們一定很樂意聆聽。而且跟父母分享遇到的困難或宣布好消息時，你的心情也會變得更好。

讓父母享受一下

你可以自製一些換領券送給父母，讓他們用來換取免做家務或特別款待。請把一張紙剪成一半後再剪一半，然後用水筆在每張紙上寫上換領券的內容，並畫上簡單的圖畫來裝飾。

請好好休息！這星期由我負責帶狗散步。

這個下午讓我來當小幫手，盡情吩咐我做家務吧！

你有一小時自由時間，讓你想做什麼就做什麼！

你的私人廚師（我）會為你準備早餐，請好好享受！

為父母慶祝生日

父母永遠不會忘記為孩子慶祝生日，但他們的生日呢？既然他們不會大事慶祝，作為孩子應該怎樣做呢？

跟兄弟姊妹或其他家庭成員商量，把你們喜愛父母的原因統統列寫出來，例如在媽媽35歲生日時，送她「我們愛你的35個原因」！

在成人幫助下，為父母炮製一頓特別的晚餐。你還要擺好餐具，好好練習招待客人的禮儀，記得要以服務生日的嘉賓為先！

晚餐後，為父母獻上美味的甜點——那不一定是蛋糕。當然別忘了唱《生日歌》，最後還要收拾好碗碟。

跟父母說「謝謝」

每晚臨睡前都跟父母說「謝謝」，感謝他們為你做的一切，包括準備食物、駕車送你去學校、幫助你溫習等。告訴父母有他們陪伴，你每天都過得很幸福。

你還可以給父母一點小驚喜，例如親手製作感謝卡，然後放在他們的牀上或公事包裏。當父母見到它的時候，一定會驚喜地笑起來。

感謝你！

幫助小動物

世界上有數以百萬計的動物需要一個家，或只求人們付出一點愛心。

16 捐獻給動物收容所

就像食物銀行需要人們捐贈食物和日用品，動物收容所也等待着人們捐贈食物和寵物用品。請查閱一下動物收容所網站，看看它們最需要什麼。

寵物頸圈

寵物濕糧

寵物窩

- ☑ 寵物濕糧或乾糧
- ☑ 寵物零食
- ☑ 寵物窩
- ☑ 寵物玩具
- ☑ 貓砂
- ☑ 寵物碗
- ☑ 寵物牽帶和頸圈
- ☑ 毛巾和毛毯
- ☑ 寵物洗澡劑

17 救救寵物

如果你父母願意領養貓狗，或成為寄養家庭，就比從動物飼養員或寵物店購買動物好多了。

領養寵物意味着你願意為有需要的動物提供一個永久的家，畢竟動物收容所只能短暫地照顧牠們，必須盡快找到新主人。而接受寄養則表示你將暫時為動物提供居所，直至有人領養牠們。寄養家庭對動物收容所大有幫助，因為收容所通常沒有足夠時間和空間去照顧每一隻動物。寄養期間，收容所就可全力為動物安排合適的主人了。

汪！

喵！

坐言起行！

立即在網上搜尋拯救流浪動物的慈善機構，例如香港動物領養中心、保護遺棄動物協會，了解領養的程序吧！

23

18 減少吃肉

有些人因為愛護動物而放棄吃肉，有些人則因為愛護環境而選擇吃素。但我們吃的東西到底如何影響地球呢？

飼養牛、雞等動物需要大量土地和水源，製作和售賣包裝肉類食品更會排放大量溫室氣體，令全球暖化問題更加嚴重。如果我們少吃點肉，就能節省資源和減少污染。

試一試！

給你和家人一些挑戰：嘗試每星期減少吃肉。你可以從「無肉星期一」開始，在那天早午晚三餐都不吃肉——沒有煙肉，沒有火腿，也沒有漢堡包。你做得到嗎？

誰不吃肉？

• 素食者不吃肉和海鮮，透過吃蛋、芝士、蔬菜、水果和穀物獲取能量。

• 純素食者不吃和不使用任何動物製品，包括牛奶和蛋。他們只會吃蔬菜、水果和穀物。

• 魚素者不吃肉，但他們會吃海鮮、蛋、奶類製品、蔬菜、水果和穀物。

⑲ 讓大自然強大起來

地球上有70億人口，但除了人類外，還得考慮住在我們四周的「鄰居」：昆蟲、哺乳類動物、鳥類、植物，還有數之不盡的生物！請你參考以下建議，試試在繁華的大都市裏支援大自然。

- 只從遠處觀察野生動物，讓牠們自由地生長。

- 在家裏擺放小盆栽，除了可供觀賞外，還有助減少二氧化碳。

- 在附近的假日農莊、天台花園或學校的花圃裏種植一些本土植物，讓蜜蜂可以來採花蜜，昆蟲能找到糧食，還給鳥兒提供休息的地方。

- 參加郊外植樹活動，讓鳥兒和毛蟲可以在樹上築巢，其他小動物也可以找到遮蔭和庇護之所。

在城市中感受自然！

你可以邀請父母每天早上安靜下來，細聽鳥兒唱歌，一起感受大自然的美妙！

捐贈物品

你家裏有雜物嗎？一定有！那些雜物全是必需品嗎？有些東西你可能很容易捨棄，卻會為其他孩子的生活帶來重大改變。

⑳ 捐贈舊物品給小孩子

環顧你的房間，有沒有一些玩具、圖書、毛公仔或衣物，已經超過一年沒有使用？或許是時候送走它們了。與其讓這些東西閒置着，不如轉贈其他有需要或懂得欣賞的人。這不是更好嗎？

你可以把舊物品捐給慈善商店、圖書館、兒童福利團體或幫助貧窮家庭的慈善機構，甚或直接送給你認識的小孩子。

免費物品！

㉑ 捐贈頭髮

你有一頭長髮嗎？如果你的頭髮至少長25至30厘米，那就可以把它捐出去。有些機構會把人們捐贈的頭髮製成假髮，送給那些因患病（如癌症）而脫髮的兒童。這真是一個三贏的局面：既能幫助別人，又可以換一個全新形象，而且這種喜悅是無價的！

小提醒！

請成人帶你去理髮店，不要自己在家裏剪頭髮！在剪髮前，還要把頭髮束成馬尾或編成麻花辮。這樣比較容易把頭髮送出去。

㉒ 捐贈體育用品或器材

不管是你長大了，或是不再玩某項運動，那些在家中閒置的體育用品或器材仍然有用，可以轉贈給其他人使用。你可以捐給學校、教會或相關的慈善機構，讓它們重見天日。

👆 坐言起行！

立即在網上搜尋接受捐贈體育用品或器材的慈善機構，例如國際十字路會、救世軍、香港基督教青年會等。

捐贈前，請先仔細查看不同機構提供的回收指引，看看那些舊物品是否符合要求。你還要把它們清潔乾淨，以免傳播細菌。

23 捐贈食物

食物銀行常年都需要盒裝和罐裝的健康食品。請你查閱食物銀行網站，看看他們需要的食物清單。以下是他們大多需要的食品：

☑ 水果和
蔬菜罐頭

☑ 糙米

☑ 罐頭湯

☑ 嬰兒奶粉
和食品

☑ 吞拿魚罐頭

☑ 雜果仁

☑ 意大利麵醬

☑ 乾果

☑ 麵條

☑ 奶粉

☑ 乾豆

☑ 茶包和咖啡包

徵求同意！

在「搜刮」家中的櫥櫃來捐贈食品前，必須先得到父母的允許。

24 舉行義賣籌款

拿出所有可以賣的東西來義賣，然後把賺到的錢捐出去。你可嘗試義賣自製的飾物、蛋糕或檸檬水，這是最簡單實惠的籌款方式。你還要選定一個慈善機構，了解他們的理念。舉行義賣活動時，你要讓顧客知道這是籌款活動，並分享你選擇捐款給這個慈善機構的原因，最後不忘跟顧客說聲「謝謝」。

成功秘訣：

- 先準備一些鈔票和硬幣，方便找續。

- 請朋友來幫忙叫賣或收銀。

- 清楚標示商品價格，並在活動現場貼上「義賣籌款」的告示。

- 把物品放在色彩繽紛的桌布上，或以特別的方式來陳列，有助吸引顧客。

坐言起行！

香港有不少慈善機構鼓勵孩子自發籌款，例如救助兒童會、聖公會聖基道兒童院。立即在網上搜尋這些機構，向他們查詢詳情，或問問學校輔導員的意見，然後着手計劃義賣籌款活動。

25 用捐贈代替禮物

下次你過生日或聖誕節時，請別人不要買禮物送給你，把省下來的錢捐給慈善機構。選出三個你支持的慈善機構，然後跟朋友和家人分享捐款資訊。畢竟這些節慶是為了讓你和親友聚在一起慶祝，而不在乎有沒有收到禮物，你甚至可能注意不到缺少了禮物呢！

 坐言起行！

我該把錢捐到哪裏？

除了本地的慈善團體外，還有一些重要的國際慈善組織，例如：世界自然基金會 (WWF) 旨在保護全球的野生動物、植物和自然環境；Camfed 讓世界各地的女孩子接受教育，幫助她們改善平等和貧窮問題；The Lunchbox Fund 每天為南非農村地區處於水深火熱的孩子提供午餐；地球之友（Friends of the Earth）致力保護地球，減低氣候變化和污染帶來的影響；Room to Read 教育非洲和亞洲的孩子識字，還在學校推動性別平等。

立即在網上搜尋這些機構的資訊，了解他們的工作，然後決定讓親友把錢捐到哪裏去。

26 每月捐出部分零用錢

如果你有100元，你會用來做什麼呢？立即花掉？存起來？或是捐出去？有沒有想過可以三者並存呢？從現在開始就養成不要花光所有零用錢的好習慣，提升理財能力。

儲蓄

捐贈

支出

✂ 做一做！

你需要：

- 3 個有蓋的玻璃罐
- 數枝不同顏色的水筆

做法：

在3個玻璃罐上，用不同顏色的水筆分別寫上「支出」、「儲蓄」和「捐贈」。每當你收到零用錢或利是錢時，你可以按照以下比例把錢分為3份，然後放進相應的玻璃罐裏。假設你收到100元，就可以這樣分配：

40%支出 = 可以花掉40元

40%儲蓄 = 儲起40元

20%捐贈 = 捐款20元

伸出援手

幫助別人的最佳方式，就是付出時間和精力。當你參與其中，便會看到自己逐漸轉變，還會令你感覺良好。

27 做義工

做義工是指在沒有報酬的情況下完成工作。若沒有義工參與，有很多機構都無法營運下去！作為一位義工，代表你願意免費付出時間和技能去支持公益活動。而回報是讓你煥然一新，獲得溫暖又飄飄然的感覺。

假如你喜愛動物，就可以在動物收容所做義工！

在這裏，你有機會要帶狗散步、陪貓咪玩耍、在寵物碗裏加水、清理寵物籠或餵食。你可能要到14歲（甚或16歲）才可成為義工，或是跟家人一同成為義工。請致電本地的動物收容所，查詢一下申請資格吧！

假如你有團隊精神，就可以在食物銀行做義工！

食物銀行需要義工幫忙整理所有收到的捐贈物品，還要檢查食品的食用日期、把食物分類、把批發食品分成小包裝，甚至為人們端上食物。你得發揮團隊精神，快速有效地處理這些工作。試試說服家人與你輪流參與義工活動吧！

假如你充滿創意，又擁有一雙靈巧的手，那就義教手工藝！

有些慈善機構會售賣手工藝品來籌款，例如帽子、毛毯、圍巾。如果你有滿腦子創意，就可以擔當義工導師或助手，教導這些機構的服務對象（如失明人士、精神病康復者）親手製作，讓他們在過程中重獲自信。

坐言起行！

立即按自己的專長，在網上搜尋適合你的義工活動。你還可到社會福利署「義工運動」網頁查看形形色色的義務工作，並登記成為義工。

關心
你居住的社區

世界很大，但任何大改變往往是從小行動開始。而實踐那些小行動的起點，可以是你的家。

28 要有禮貌

社區就像個大家庭，需要有一些規則來維持正常運作，也讓生活在這裏的人樂也融融。以下是一些你可以遵守的規則：

把垃圾丟進垃圾箱，不要隨處亂放。

愛惜公園的植物，尊重園丁付出的心血。

你有聽過「噪音污染」嗎？噪音會騷擾到鄰居，請尊重別人，把電視和說話音量降低。

如果看見可疑的事情，請立刻告訴成人。鄰居之間可以互相提醒，以免家園遭破壞或盜竊，保障安全。

29 主動幫忙

隔壁的鄰居有時就像你家的延伸。畢竟你們住得這麼近，要彼此守望相當容易。想一想住在你家附近的鄰居，你可以如何幫助他們？請參考右面的建議，主動幫助鄰居：

替鄰家的長者寄信或買東西。

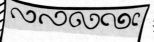

代替鄰居帶狗散步或照顧貓兒。

指導鄰家的孩子做功課或做運動。

30 向鄰居分享閱讀習慣

閱讀充滿趣味！而且有眾多益處：可以減壓，能讓你靈感乍現，更有助集中精神。既然如此，何不把愛閱讀的風氣帶進社區？

跟鄰居舉辦圖書交換活動。請每人至少準備一本書，然後把所有書展示出來，再各自挑選喜愛的圖書帶回家。

Little Free Library會教你製造屬於自己的鄰里書櫃（當然可以直接請成人買一個書櫃！），現在全球共有90多個國家參與。你可以建議大廈在大堂設置書櫃，鼓勵住客交換圖書。

㉛ 常存好奇心

你居住的社區就好像世界的縮影，包容了各種各樣的人，更是讓我們了解世界各地不同民族和文化的最佳方式。人與人之間的差異讓這個世界變得很有趣！

想想這個社區裏的每個家庭，或是學校裏的每位同學，當中有人的背景是跟你不一樣的嗎？他們可能是來自另一個國家，會說另一種語言，還會慶祝不同的節日。你可以問問他們關於這些事情！除了上述有趣的差異外，或許你會發現你們之間也有很多相似的地方。

32 學習急救

在急救課程中學到的技能可讓你面對緊急的情況時，能夠快速又自信地應付一切。你可以把這些技能應用在學校、家庭或社區裏，畢竟你不會知道甚麼時候有人需要協助。

有用的生活技能

學習基本的急救技巧，會讓你知道在緊急時該如何求救，若有瘀傷、扭傷或割傷等輕微的傷勢也懂得如何處理。

問一問！

請成人幫你報名參加急救課程，或許他們也想跟你做同學，一起上課呢！

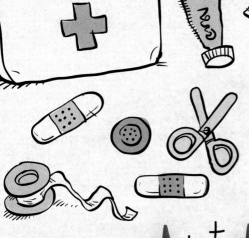

參與更多

香港聖約翰救護機構會舉辦青少年培訓和課外活動，讓兒童和青少年在課餘時參加。你可以在這裏獲取急救資格，還能參與一連串令人興奮的活動。

33 參與童軍活動

世界各地都有童軍組織，其中一些更有超過100年歷史。這些組織的名稱或許略有不同，但它們都會教導孩子重要的價值觀，例如團隊精神、回饋社會和自信心。此外，從年僅6歲的孩子至25歲的成人均適合參與童軍活動，在這裏你可以認識很多不同年紀的新朋友！

以下是一些童軍會做的事情：

嘗試具挑戰性的活動，例如射箭、划艇或攀岩。

穿上童軍制服，並把獲取的獎章繡在制服上。

在樹林裏露營和遠足。

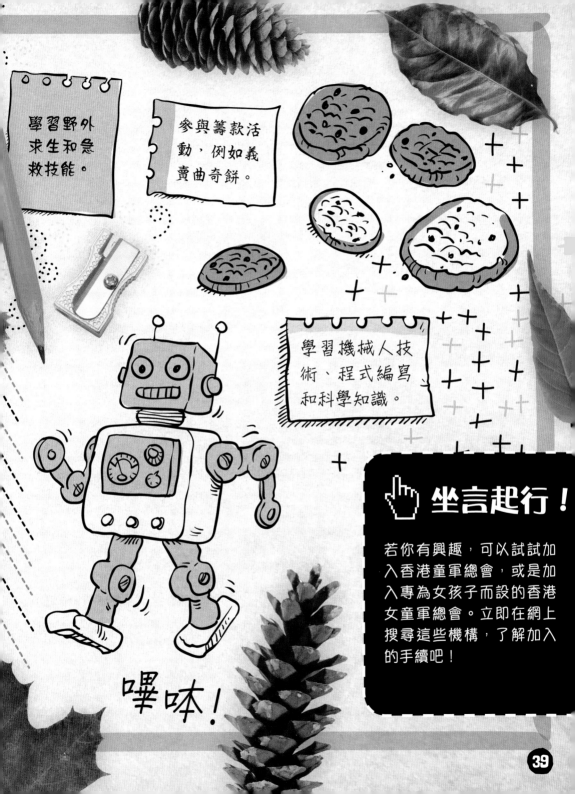

學習野外求生和急救技能。

參與籌款活動，例如義賣曲奇餅。

學習機械人技術、程式編寫和科學知識。

嘩咔！

坐言起行！

若你有興趣，可以試試加入香港童軍總會，或是加入專為女孩子而設的香港女童軍總會。立即在網上搜尋這些機構，了解加入的手續吧！

愛護地球

　　我們能住在美麗的地球上，真幸運！現在，它正好需要我們的愛和關懷。地球上的每個人都可以盡一分力，一同保護這個美好的星球。接下來的內容或許能給你一些啟發！

節約能源

只要每天做一些微小的改變，將會為你的人生帶來重大的轉變。

34 拔掉電器的插頭

把電器關掉，就能節省電力了嗎？這個想法是錯的！只要插入電源，無論電器的開關是開啟還是關閉，都會耗電。事實上，電器耗電量的百分之七十五來自它關閉的時候，有些人把這種情況稱為「能量吸血鬼」(vampire energy)。

一個電話只需要少量能源便能充滿電力，但把各種能源加起來，英國平均每個家庭每年使用接近5,000度的電力！從現在開始，當你不需要使用那些電器時，就拔掉插頭吧！

- ✓ 電腦
- ✓ 電視機
- ✓ 電子遊戲機
- ✓ 立體聲音響設備
- ✓ 電話充電器
- ✓ 手提電腦充電器
- ✓ 打印機
- ✓ 電熱水壺

35 關上電燈

當你離開房間時,別忘了要關上電燈。這樣做不但可為你父母減少電費,而且節省能源能夠減少污染。保護環境就這麼簡單!

我們使用的電力大部分是通過燃燒化石燃料(如煤和天然氣)而產生,但是燃燒化石燃料會產生溫室氣體,導致全球暖化。當地球的氣溫升高,海平面也會上升,令惡劣的天氣變得更頻密。若情況持續,將會有植物和動物因而滅絕。

坐言起行!

香港有不少跟節約能源有關的展覽館,例如實踐綠化科技的「零碳天地」,或是推廣能源效益和可再生能源科技的機電工程署總部大樓教育徑。大家不妨在假日時到那裏參觀,再把學到的知識應用在日常生活中!

減少污染

我們每天到不同地方去看似自然不過的事情，但這卻對全球暖化和環境污染帶來嚴重影響。好消息是你可以為環保踏出重要的「一步」，那就是走路了！

36 乘坐私家車前請三思

請你和家人想一想，除了駕車外，還可以怎樣到不同的地方去。其實，我們還有很多其他對環境造成較少傷害的選擇吧。以下會介紹其中幾種：

走路

每當你家裏有人駕車，就會污染環境。但有一種簡單的方法可以打破這個習慣，那就是走路了！你們每走一步，也能令空氣少一點污染，又能做做運動。請你跟家人一起商量，嘗試調整生活方式，盡量減少駕駛時間，例如思考一下：誰可以走路上學或上班？哪些地方不算太遠，只需走路便可到達？

騎單車

走路太遠的話，該怎麼辦？試試騎單車吧！如果你的家人每星期有幾天可以騎單車上學或上班，那真是好消息。假如沒辦法這樣做，不妨問問他們有沒有興趣在周末來一趟單車之旅！這既能到達要去的地方，而且環保又好玩呢！

乘搭公共交通工具

如果你住在城市裏，大可選擇乘搭巴士或列車前往目的地。相比起私家車，巴士和列車可接載更多乘客，能大大減少空氣污染。越多人乘搭巴士或列車，代表成效越高！

 # 資訊速遞！

駕車真的不好嗎？

有時候實在避免不了要駕車，如果這是唯一的選擇，你還是可以採用較環保的方式來駕車。

·共同乘車

如果每輛汽車只有一位乘客，那就太浪費了！汽車上的乘客越多，表示馬路上越少汽車污染環境。請跟你的父母談一談，看看學校或鄰居有沒有人可以互相接載，一起分擔駕駛汽車的時間。

·電動車

電動車是用電池代替汽油來開動的，雖然要經常充電，卻能減少空氣污染。為了未來，我們應好好計劃改用電動車。

如果你要到遙遠的地方去，當然會選擇駕車或乘飛機。可是坐火車比任何方法環保得多！下次你的家人要遠行的話，可以請他們考慮坐火車。

資源回收

資源回收是把廢物轉化成可以再次使用的東西。既然這些東西可以重用，為什麼要把它們放進堆填區呢？這說法很有道理吧。

37 留意環保資訊

我們每天都會製造大量垃圾，根據美國國家環境保護局 (Environmental Protection Agency) 的資料顯示，一個人每天製造超過1.8公斤垃圾！你能想像那是多少垃圾嗎？到資源回收中心或堆填區參觀一下，去看看那些堆積如山的廢物。出發前，請你做好震驚的心理準備啊！

真相1

每年全世界製造超過10億噸垃圾！

真相2

美國、中國和巴西是製造最多垃圾的國家！

真相3

有資料顯示美國大部分垃圾都可以循環再造，但當中只回收了約百分之三十！

真相4

全球收容最多垃圾的地方位於太平洋中部，這個「太平洋垃圾帶」大小約是德國的兩倍！

真相5

堆填區會造成空氣污染和水質污染，影響附近地區的飲用水！

真相6

美國加州的三藩市回收約百分之八十的廢物！

 ## 資訊速遞！

垃圾分解需要多少時間？

玻璃 = 1,000,000年
發泡膠 = 500年
塑料瓶 = 450年
即棄尿片 = 450年
錫罐 = 50年
報紙 = 6個月
蘋果核 = 2個月

紙張、塑料、鋁罐等回收物品首先會送到分類設施，把它們分門別類和壓縮，然後循環再造。為了使整個系統順利運作，工作人員需要做大量工作。若你能跟從以下規則，就能減輕他們的負擔！

小提醒！

把物品扔進回收箱前，必須沖洗乾淨。如果裏面有食物殘渣，就要把它丟進垃圾箱。

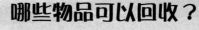

哪些物品可以回收？

玻璃：所有玻璃製品（包括慳電膽）都可以回收

塑料：牛奶瓶、水瓶、果汁瓶、乳酪杯、雪糕杯、麥片包裝袋等

紙張：報紙、雜誌、信件、收據、賀卡、紙杯、紙皮箱等

金屬：鋁罐、錫紙、瓶蓋等

玻璃瓶

紙杯

牛奶瓶

鋁罐

哪些物品不可以回收？

膠袋

髒紙碟

油膩的薄餅盒

發泡膠容器

寵物糧包裝袋

蠟紙或塗上了
塑料的紙張

大多數果汁紙盒

油膩的薄餅盒

小考驗！

考驗一下自己和家人，嘗試減少每天製造的垃圾，還要盡量使用可回收的物品。看看誰做得最好！

膠袋

39 撿起垃圾

煙頭、汽水罐、膠袋、香口膠包裝紙等是常見的垃圾，人們常常丟在地上而不是扔進垃圾箱裏。

請你邀請朋友一起清潔社區、公園或沙灘。你只須帶上一些可分解的垃圾袋和手套，就能動手改變世界！你撿起的每一件垃圾，都對環境大有幫助！

安全至上

清理垃圾時請務必戴上手套，千萬不要徒手撿起鋒利的物件，例如碎玻璃或碎燈泡，以免受傷。

為什麼不可隨地丟垃圾？

隨地丟垃圾會令美麗的地球變得醜陋，而且非常危險。當暴風雨來臨時，雨水可能會把人行道上的垃圾沖進地下水道，最終流入河流或海洋。這會造成水質污染，還會危害海洋動物，令牠們窒息或被困在垃圾堆中。

⓸ 堆肥

堆肥能把有機廢物轉化成肥沃的土壤，是最天然的循環再造方式！我們可用這些土壤來做肥料，讓植物茁壯生長！

你可以試試自己堆肥：請參考下面的清單，把收集到的有機廢物放進盆裏，然後放在家中的一個小角落。（請先問准成人啊！）每隔幾星期，你就要用鏟子翻一翻堆肥堆，還要淋水使它保持濕潤。

哪些廢物可以用來堆肥？

☑ 蔬菜皮和水果皮

☑ 用過的茶葉和咖啡渣

☑ 雞蛋盒和蛋殼

☑ 報紙

☑ 廚房紙

☑ 紙袋

☑ 落葉和雜草

廢物利用

減少廢物的其中一個方法是改變物品原有的用途，為它找另一種用途，而不是扔掉它！

41 自製文件盒

利用穀麥早餐的空盒，可以改造成一個擺放功課和筆記的文件盒，然後把它放在靠近睡房門或家中大門的地方，那就不會忘記帶它們上學去了。

✂ 做一做！

做法：

- 請成人幫忙，在穀麥早餐盒側面，從頂部至中間沿對角線剪開，注意兩邊側面都要剪開。然後從中間剪開了的兩端，以直線剪開盒面，變成上圖的模樣。
- 把彩色紙貼上盒子的每一面，也可把舊雜誌撕成碎片貼在盒上，做成拼貼畫。
- 在盒上貼上貼紙、水晶貼或絲帶來裝飾，也可以用水筆在盒上畫些圖案。

廢物百變用途多！

這些盒子還可用來存放書籍、雜誌、美術作品等。

你需要：

- 穀麥早餐盒
- 剪刀
- 彩色紙或舊雜誌
- 貼紙、水晶貼、絲帶
- 膠水
- 水筆

⚄ 自製花盆

塑料汽水瓶和水瓶可以改造成可愛的花盆，用來放小型的植物或仙人掌。請翻到第68頁，了解更多關於這些植物的資訊吧。

請翻到第68頁

你需要：

- 塑料瓶
- 剪刀
- 水彩或廣告彩
- 畫筆
- 泥土和小石子
- 植物

✄ 做一做！

做法：

- 請成人幫忙，把塑料瓶剪開一半，做成花盆。
- 用畫筆在花盆外塗上水彩或廣告彩，還可自由加上笑臉圖案或其他圖案，然後讓它風乾。
- 在花盆底部鋪一層小石子，幫助排水，然後加入泥土。
- 把植物放在泥土中適當的位置，然後多加一些泥土，固定好植物。

花盆百變用途多！

這些「花盆」還可以用來放鉛筆、美術用品、首飾等。

創意思考

把紙板或雞蛋盒扔掉前，想一想它還有沒有其他用途。以下只提供一些建議，但我們相信你一定會有更多好主意！

43 收納整理

打開雞蛋盒，把它平放在抽屜裏。在雞蛋盒每一個小格中放一些通常會在抽屜裏滾來滾去的小物件，例如萬字夾、橡皮圈、零錢等。或是用來放手工藝用品，例如珠子、鈕扣等適合放進這些小格子的東西。在雞蛋盒蓋的大格中，則可放剪刀、鉛筆等文具。

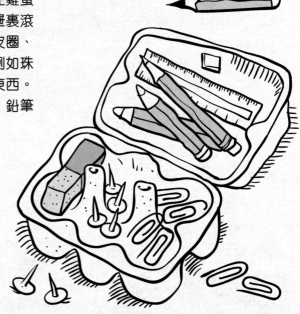

44 自製玩具

你有沒有玩過播棋？這是一種古老的遊戲，遊戲的靈感來自播種，收集到最多小石子（即種子）的參加者就能獲勝。

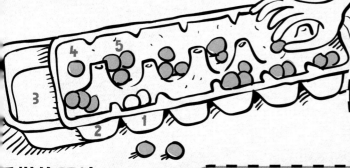

你需要：

- 剪刀
- 膠水
- 水筆
- 12顆裝雞蛋盒
- 48顆小石子、彈珠或膠珠
- 2位參加者

番棋的玩法：

- 每位參加者有一排6個杯子和一個用來計分的托盤（位於遊戲板兩側）。
- 遊戲開始前，在12個杯子中各放4顆小石子。
- 兩位參加者輪流從自己那排的任何一個杯子裏拿起所有小石子，然後以逆時針方向在下一個杯子（或托盤）放一顆小石子，如此類推，注意只會在自己的托盤放小石子，另一位參加者的托盤則跳過去。（例如拿起杯子1的小石子，分別在圖中2、3、4、5的地方放進一顆小石子）
- 假如手中最後一顆小石子是放進自己的托盤，可多玩一次；假如是放進自己的空杯子，就可奪得那顆小石子，以及對面參加者的杯子裏所有小石子。
- 當其中一方的杯子裏沒有小石子，遊戲便結束，另一位參加者可奪得所有還在杯子裏的小石子。
- 數一數托盤裏和奪得的小石子，誰有最多小石子便勝出！

✂ 做一做！

做法：

- 首先剪掉雞蛋盒蓋，然後把盒蓋剪開一半。
- 把剪開一半的盒蓋分別貼在雞蛋盒兩端，使雞蛋盒兩側各有一個托盤，然後讓它風乾，做成「遊戲板」。
- 用水筆在遊戲板上畫上你喜歡的圖案作裝飾，這樣便完成了。

物品重用

當你重用某些東西時，就代表你不會把它當成垃圾扔掉。這真是一件好事！

45 向塑料說「不」

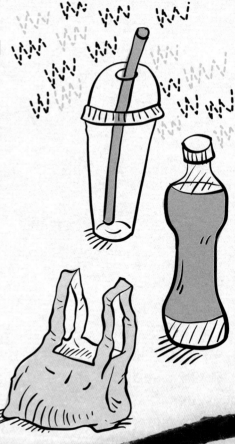

世界上百分之八十五的塑料是不能循環再造的，這表示每年有數百萬噸塑料最終會送到垃圾堆填區。但這個世界一直在改變，在2016年，法國成為了第一個禁止使用塑料餐具和杯碟的國家！請你跟隨法國的做法，在學校吃午餐時，自備可重用的餐具，避免使用即棄的塑料餐具。

塑料瓶的情況也一樣，單單在美國，每小時就丟棄二百五十萬個塑料瓶。請你攜帶可重用的水瓶，來代替購買瓶裝水。市面上有各種形狀和大小的水瓶，你可以選擇自己喜歡的款式！平時可在飲水器取水，或從家裏的水壺倒水，十分方便！

46 每天都自備可重用的容器

在美國、英國和澳洲，一個普通人平均每天製造約2公斤垃圾。要改善這種情況，最簡單的方法是創造一個無垃圾午餐的好習慣。

把食物放在可重用的午餐盒是個好開始，如果你可以使用不鏽鋼午餐盒來取代塑料午餐盒，那就對環境更好呢！

請選用以下物品：

- ✓ 可重用的午餐盒
- ✓ 可重用的容器
- ✓ 金屬餐具
- ✓ 可重用的瓶子
- ✓ 布餐巾
- ✓ 大包裝零食

不要選用以下物品：

- ✗ 紙袋
- ✗ 三明治保鮮袋
- ✗ 塑料餐具
- ✗ 塑料瓶
- ✗ 紙餐巾
- ✗ 獨立包裝零食

47 購物時請自備環保布袋

膠袋的處理方式很複雜！雖然它們可以循環再造，但是你不能直接扔進一般的回收箱裏。因為膠袋有機會捲入自動分類的回收機器中，使機器損毀。

膠袋只能通過特殊的程序來處理，所以人們必須把它們放到指定的收集點，但大多數人都不願意花時間這樣做。使用布袋，你就能解決這個問題了！請你鼓勵家人在汽車、手袋、公事包或背包裏常備可重用的布袋。

如果你不得已收集到一些膠袋，就可以把它們用作垃圾袋、狗糞袋或購物袋。

永恆的膠袋

堆填區裏的膠袋可能需要花上一千年，才能完全分解！

48 購買舊物品

慈善購物、舊物品、二手貨，不管你怎樣稱呼它，購買一些別人用過的東西真是個好主意！這表示你給予一件物品第二次生命，讓它重生，不用扔進垃圾箱裏。而且買舊物品比新產品便宜得多呢！

- ☑ 衣服
- ☑ 鞋子
- ☑ 書籍
- ☑ DVD 光碟
- ☑ 背包
- ☑ 運動器材
- ☑ 玩具
- ☑ 單車

⑨ 每年重用學習用品

對每位學生來說，開學日真是令人興奮的時刻！而其中一件好玩的事，就是為新學年購物。但你真的每年都需要使用全新的學習用品嗎？其實大部分學習用品都可以重用，你只需購買一些你真正需要的東西。請你參考以下提示，好好規劃一下。

在所有學習用品上寫上你的名字，如果弄丟了，別人也可以歸還給你。

學年結束時，把學習用品小心存放在書包裏。當你在幾個月後再次拿出書包時，這些物品看起來就像新的一樣！

傳給別人！

在跳蚤市場、二手商店或二手物品轉售網站都能找到幾乎全新的二手貨。請你翻到第26頁，了解一下如何把你不需要的東西捐給慈善機構！

在整個學年裏，都要小心保管學習用品。這包括把鉛筆放在筆盒裏，還要保持書包清潔，那就能妥善收好文件夾和筆記簿。

減少廢物

人類每天都會給我們居住的星球增加一點污染和垃圾，這是很難避免的事情。可是，有很多方法可以減少你對環境造成的影響。

50 購買本地商品

如果你購買本地商品的話，那就是說它來自跟你很接近的地方，毋須經由貨車、飛機或輪船運送到你那裏。試想想，在南美洲種植的香蕉究竟是如何來到你家的呢？它可是經過了一萬多公里，從農場到超市，再到你的家去，整個旅程漫長得超乎你的想像！

購買本地商品能減少貨物在運輸過程中產生的污染，還能支持本地商業，這對你的社區也有莫大益處。右面是一些適宜你和家人購買的本地商品：

- 從農墟或農產品市集購買蔬果。

- 從手作市集或本地手作人的精品店選購聖誕或生日禮物。

- 在本地的小店吃東西，減少光顧大型連鎖餐廳。

- 在本地的麵包店購買麵包和蛋糕。

51 購買大包裝的物品

以葡萄乾、餅乾、薯片等獨立包裝的零食作為學校茶點雖然方便，但是它們真的非常浪費。想一想用來放食物的所有包裝，還有你食用後究竟會產生多少垃圾（這些垃圾通常是不可回收的！）。

購買大包裝的物品代表分量會比較多，而且通常是用大盒或大袋來包裝。這樣可能會便宜一點，而且浪費也會少一點。

與其購買獨立包裝的零食，不如購買大包裝的，然後每天把一小部分放在可重用的容器裏。雖然要多花一點時間，但你可以減少製造垃圾和污染，甚至節省一些金錢。

52 減少購買

想想你在購物中心裏最喜歡的商店：店裏每一件商品都經過設計、製造和運送，才能讓你購買。想想這個過程消耗了多少能量、水和其他資源，還造成了多少污染？通過減少購買，我們就能減少自己的生態足跡。

減少購買的其中一個方法是以經歷來代替實體的禮物。在歡度假期或慶祝生日時，問一問家人有沒有興趣一起做一些有趣的事情，例如創造回憶或學習一些新事物，而不是給你買一件最終可能會塵封在櫃裏的玩具。

💡 資訊速遞！

生態足跡是什麼？

每個人都有生態足跡，你也有。它是指你每天需要使用多少環境資源，包括水、食物和電力。我們當然希望盡可能讓自己的「足跡」越小越好啦！

根據世界自然基金會的資料顯示，今天全球人類的生活方式像是我們擁有1.5個地球的資源，這表示可再生資源有朝一日將會完全耗盡。好消息是只要每天有一丁點的小變化，未來也可以很不一樣！

53 跟朋友以物易物

你試過很想得到你朋友擁有的東西嗎？這樣正好，也許他們可以用來跟你交換其他東西。以物易物是一個不用花錢，就可以獲得「新東西」的有趣方法。更重要的是這對環境大有好處，因為這些「新東西」並不是新買的，也不用扔掉東西。

步驟一：選定主題

選出以物易物的主題，例如玩具、書籍、電子遊戲、桌上遊戲、衣服或電影光碟。

分甘同味

假如最後有東西沒有人「買」，就請你參考第26頁的建議，捐給慈善機構。

步驟二：邀請朋友

邀請朋友來參加，提醒他們每人必須帶3件物品來交換，注意所有物品必須乾淨和完好無缺。

步驟三：設置展示場地

確保有足夠空間讓每個人展示自己帶來的物品，清理過的地板或桌子是很好的展示場地！

獲得准許

拿出物品去交換之前，請你務必先得到父母同意。

步驟四：交換活動開始！

每次讓一個客人去「購物」。如果你想「買」東西，必須提供你的物品來交換。

54 向別人借東西

還有其他方法可以減少你的生態足跡嗎？當然有，那就是不要購買，改為向別人借用。向別人借東西表示你只是暫時擁有它，然後歸還給別人使用。這個方法能讓物品物盡其用，真好呢！右面是你可以選擇借用的物品清單：

55 善用數碼科技

科技令我們變得「兩袖清風」！不久前，我們仍需要把每張照片用相紙列印出來，存放在沉甸甸的相簿裏。現在，我們可以把數千張照片上載網上。

我們可以輕鬆整理數碼資料，避免混亂。但數碼化遠比你想像的有用，它還使人們減少生產實體產品，那就少一點污染和垃圾。以下是一些善用數碼科技的建議：

 到圖書館借閱書籍。

 租借運動設備或樂器。

 向朋友借電影或電子遊戲光碟。

 請鄰居把桌上遊戲借給你。

 問兄弟姊妹借衣服來穿。

屏幕時間限制！

長時間看屏幕有損健康，請你設定看屏幕的時限，還要讓眼睛定期休息！

聖誕節時可發送電子賀卡，生日會則使用電子邀請函來代替紙本卡片。

音樂串流媒體服務讓你不用購買唱片，也能收聽音樂！

節約用紙

　　樹木能釋出氧氣，供我們呼吸；它還能為樹下的人遮蔭，使他們保持涼快；它更幫助地球對抗氣候變化。不過，儘管樹木有這麼多好處，每年仍然有數十億棵樹木被砍伐。喜愛樹木的人可以做些什麼來幫忙呢？

56 紙張兩面都要使用

　　眾所周知，大部分砍下來的樹木都是用來製造紙張。而在造紙的過程中，還會使用很多其他資源，例如石油，最終造成污染。因此你們不要再亂用紙張了，現在就開始節約用紙吧！

把打印過的紙剪成四分之一的大小，並利用它的背面來書寫。你可以用它來寫筆記，或是給父母用來列出購物清單。

筆記簿的兩面都要書寫，如果你是用鉛筆來寫，還可以擦掉再寫。

盡可能購買用再造紙製造的產品。

只在必須打印的情況下才打印，而且要雙面打印。

資訊速遞！

別忘了回收廢紙！

　　據美國森林和紙業協會的資料，美國只回收了大約一半用過的紙張，而當中只有三分之一的回收廢紙可以再次製成新紙張。

　　一張紙只能循環再造五至六次，最終會因為紙張中的木質纖維變得太弱，而必須與新紙張混合，製成堅固的紙張。儘管如此，每當我們回收廢紙，都是在拯救樹木。請牢記只有在必需時才使用紙張，而且盡可能重用，還要把用過的廢紙放進回收箱，這些舉動對樹木非常重要啊！

57 植樹

全世界每年約有150億棵樹被砍伐，幸好有一種簡單的方法有助抵銷人們開墾森林帶來的影響，那就是植樹！

有很多地方能讓你植樹，例如郊野公園、社區公園、學校花圃等。（種植前必須先獲得批准！）只需到園藝店購買植物幼苗或樹苗，或直接參加環保機構舉辦的植樹活動。植樹前，你可以請成人幫你挖洞，注意整個過程必須注意安全。在樹木成長期間，你也要好好照料它。

什麼是開墾森林？

這是把樹木斬草除根，永久移除，然後將土地用作其他用途，例如農業、畜牧業或建設新樓宇。如果人類繼續以現在的速度砍伐林木，全球所有森林可能會在未來一百年內消失。

58 減少使用抹手紙和紙餐巾

拿起抹手紙前請三思！抹手紙很便利，每當我們需要把地方清理乾淨或把手擦乾時，我們很容易——太容易——就拿起一張抹手紙！

走用毛巾來清理或抹手，那就環保得多了。請你問問家人，在家中能否改用可重用的布餐巾和再造紙產品。當你上公廁時，則使用乾手機來吹乾雙手。

不是廢紙！

用過的抹手紙和紙餐巾可用作堆肥，請翻到第51頁，了解更多有關堆肥的資訊吧。

節約用水

　　雖然水是一種可再生資源（意思是我們不會把它耗盡），但將來可能會出現食水短缺。這是因為地球上只有百分之三的淡水可供飲用，而人口卻不斷增長。

59 減少淋浴時間

說起節約用水，淋浴一定比用浴缸洗澡好，而且淋浴時間越短越好。這是因為你每淋浴一分鐘，就用掉10公升水。試想想：如果你淋浴10分鐘，就用掉了100公升水。但是如果你把淋浴時間減至4分鐘，那就只用了40公升水。

下次你要淋浴時，可以設定計時器，挑戰一下盡可能用最短時間洗好澡，當然要洗得乾乾淨淨啦！請你跟家人來一場為期一個月的比賽，記下每個人的淋浴時間，看看到了月底誰用水最少。

60 關掉水龍頭

你還可以如何節約用水呢？非常簡單，只需要把水龍頭扭緊便可以。永遠不要讓水無緣無故地從水龍頭流出來，白白浪費掉珍貴的水資源。當你幫忙做家務或在日常生活中，請謹記以下小提示：

當你正在刷牙時，請關掉水龍頭。

當洗碗機放滿需要清洗的碗碟時才開動它。

放進洗碗機前不用預先沖洗碗碟。

先把洗碗槽盛滿熱水，然後用這些水來清洗所有碗碟，避免開着水龍頭來沖洗。

61 種植不用勤澆水的迷你盆栽

植物都愛水，對吧？其實也不一定，像多肉植物和仙人掌這些植物只需要少量水便能存活，因為它們會把水儲存在厚厚的葉子裏。這些植物很適合在室內種植，你可以把它們放在靠近窗戶的地方。雖然它們不需要大量的水，但仍然需要陽光啊！

如何打理多肉植物？

為多肉植物澆水時要澆至全部泥土濕潤為止，而且在泥土乾透前也不用再次澆水。冬天時，它們比平時需要更少水。請向園藝店員工，或管理學校花圃的人查詢，助你選出最適合的室內盆栽和土壤。

植物對你有好處！

就跟樹木一樣，室內植物也能釋出氧氣和吸收二氧化碳。即使只是一個迷你小盆栽，也可以讓你家中的空氣變得更清新。有人甚至認為植物能令你更快樂呢！

洗衣服時要有環保意識

那堆髒衣服是否越堆越高？洗衣服可不是一件好玩的事，但以環保的方式來洗將會變得很有趣！如果跟着下面的小提示來做，下次洗衣服時你一定會感覺良好。

鼻子的特別用途

把衣服扔進髒衣籃前，請先用鼻子嗅一嗅：如果衣服沒有難聞的氣味或沒有明顯的污漬，或許還不需要清洗，尤其那些你只穿了一會兒的衣服。

使用洗衣機時，請用冷水。（在更改任何設定前請先問准父母。）

洗衣機要裝滿衣服才能開動！那就是說你要洗一籃滿滿的髒衣服，或是把全家的髒衣服一起洗。

不要使用乾衣機烘乾衣服，改為把衣服掛在晾衣架或晾衣繩上弄乾。

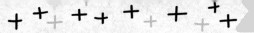

積極參與

如果你心中有一個信念（比如希望愛護地球），那就不要只把熱情留給自己，而是要跟別人分享，宣揚開去！

63 耕種植物

有人說把手弄髒，表示你與環境有更多聯繫。你也來試試看吧！耕種能教導你平日吃的蔬果是如何生長，也讓你知道該如何照料植物。當然耕種跟照顧寵物不同，但它同樣需要你付出很多心血，而且同樣有趣！請你說服家人一起參與，這的確是個「大工程」，但絕對值得你花心思去做。

💡 資訊速遞！

哪種耕種方式最適合你？

- 香草園：迷迭香、羅勒、薄荷這些香草適合種在小花盆裏，而且放在室內或室外均可。它們的氣味很香，還能用來烹調食物。

- 盆栽：如果你家裏有陽台，種植番茄這類較大型的盆栽便是個好開始，請確保它們有充足的陽光和水。

- 學校農圃：如果你學校還沒有給學生耕種的地方，你便可嘗試說服老師，在天台設置小農圃，讓同學們體會耕種的趣味。

- 小農地：如果你家人願意在市郊或社區農莊租用一塊小農地，那就可以種植各種水果、蔬菜和香草來吃。

☑ 生菜的生長速度很快，需要的空間較小，用自己種植的生菜來做沙律一定更好吃！

☑ 如果你家租用的農地較大，就可種植紅桑子。沒有什麼比新鮮摘下來的紅桑子更美味！

☑ 紅蘿蔔適合在農地裏耕種，它們需要厚厚的土壤才能茁壯成長。

☑ 番茄適合初學者種植，它的種類繁多，你可以選一些較特別的品種。

☑ 意大利青瓜是藤蔓植物，需要較多空間生長，但也可在大花盆裏種植。

☑ 草莓可在農地或花盆裏栽種，即使在陽台，也能種出草莓來做甜品！

⑥④ 大聲說出來！

如果你對某件事有強烈的想法，請告訴全世界！也許你認為學校需要種植更多樹木，或是你居住的屋苑需要更多回收箱，又或者政府需要實施更多減少污染的措施。以下提供了一些方法，幫助你勇敢地發聲！

寫信或發電郵給區議員或政府官員，官方網頁裏會有他們的聯繫方法。
（你也可在他們的社交網站上留言，甚至有機會直接打電話跟他們對話！）

發起請願來喚醒大家對問題的關注，並鼓勵鄰居在請願書上簽名，網絡上有不少請願書範本可供參考。

加入學校的學生會，或參與競選班長或是課外活動學會的主席。

立法會或區議會會議均開放給公眾參與，雖然小孩不能投票，但你在現場可聆聽各方意見和表達自己的想法。

65 參觀國家公園

世界各地都有國家公園，那是風景優美，而且受
保護的地方。公園範圍內是一片天然的棲息地，
能讓植物和動物安全地在那裏生長。公園裏某些
區域是禁止建造道路、酒店、房屋的，甚至會限
制人們的活動。

當你走進國家公園時，很難不為這美麗的風光驚
嘆不已。大自然能讓我們放下苦痛，感覺到平
靜。與家人在戶外度過一個下午或一星期的假期，絕對是個不可多得的好主意。

國家公園的門票收入會用來保護公園的環境，使這裏維持清潔和安全。因此你參觀國
家公園不僅能欣賞到山脈、火山、洞穴、瀑布等令人驚歎的美景，還可支持環保。

66 感染別人

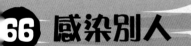

也許你對環保或領養動物充滿熱情，又
願意成為素食者。但你可能會覺得奇
怪，為什麼其他人不像你那麼熱情？這
大概是因為他們對這個議題認識不多，
那麼你何不嘗試一下感染他們呢？

不是每個人都會和你擁有相同的信念和
熱情，但他們可能也想了解重要的世界
問題。右面是一些讓你打開這個話題的
建議：

在學校裏跟老師一起籌辦特備活動，例如環保日。

寫一份功課以外的專題報告，請老師讓你在班上向同學發表。

你可以為自己關心的議題撰寫文章，投稿給校報。

設立專頁來說明一些對其他人新鮮的議題。

珍惜自己

不用擔心，我們沒有忘記，只是要把最好的
留到最後。現在是時候想想關於你自己的事情，
因為珍惜自己跟愛護地球同樣重要。

站起來！
為自己發聲

你非常重要，你心中的想法和感受也同樣重要。事實上，所有人都值得被愛，我們應好好聆聽每個人的聲音。

67 成為自己的忠實擁躉

擁護自己非常重要，那代表你要贊同和支持自己說的話。沒錯！你必須成為自己的擁躉！有很多方法可以讓你成功做到，包括在出現問題時勇敢發聲，建立自信心，還有在獲勝時為自己好好慶祝。

若你感到害怕，便告訴大家「我不想這樣做」，然後離開。

若你有滿腦子創意，請舉手說：「我有一個好主意！」

若別人沒有留心聽你說話，便說：「不好意思，我有話想說呢。」

若你感到興奮，可以說：「我很想把一切都告訴你！」

若你覺得別人把自己排除在外，不妨說：「我也想一起參與。」

若你感到自豪，可以說：「大家看一看，我對它很滿意呢。」

68 尋求協助

你不是超級英雄，並不能解決所有問題，但那真的不要緊！與其壓抑自己的情緒，倒不如發洩出來！每個人偶爾都會需要一點幫助，即使那些看來生活很美滿的人也不例外。你不需要為此尷尬，因為每個人在某個時間都會跟你有相同感受。當你需要安慰和鼓勵時，可以試試這樣說出來：

若你感到困惑，可以說：「我不明白，請再解釋一遍。」

若你感到緊張，那就告訴自己：「我需要提升自信。」

若你覺得不堪重負，便說：「我需要一點獨處時間。」

若你有事情想不通，不妨說：「我需要別人幫忙解決這問題。」

若你感到難過，可以說：「我需要振作起來。」

分擔困難

如果你需要跟別人傾訴，老師、輔導員和社工都是很好的傾訴對象，可以給你有用的意見。

若你需要溫暖，便說：「我需要一個擁抱。」

69 說「好」

你總是不敢接觸新事物？或是未了解清楚就先拒絕？說「好」是讓你踏出第一步的好方法。體驗新事物不僅令你感到激動和驚訝，而且你可能會因此而重新認識自己。

吃一些你以前從未吃過，或一直以為自己不喜歡的食物。至少要吃三口，才判斷你喜不喜歡。

結交一個和你不太相熟，而且沒有太多共同喜好的人。一旦交談起來，或許會發現你們也有一些相似的地方。

嘗試一種你從未玩過的運動，說不定你其實是一位擅長打籃球的體操運動員。來轉身射個三分波吧！

選一本不是你平常會看的書來閱讀。如你最喜歡看漫畫的話，那就拿一本推理小說來看吧。

去一個你從來沒有去過的地方，例如公園、圖書館、博物館或社區。你會有什麼新發現？

70 說「不」

說「好」能帶給你很多有趣的新體驗，但說「不」也同樣重要，特別是當你感到不自在的時候。說「不」並不表示你是個無趣的人，或是不知道如何享樂，而是因為了解自己。不要讓朋友隨意使喚你，也不要因為朋輩壓力而跟隨別人。請聽從你內心的感覺，讓自己快樂才是最重要，你不必感到抱歉。

如果你不想做某件事情，那就轉身而去吧。沒關係的，你可以跟朋友說：「我不加入了。」或是提出另一個不同的想法，問：「我們這樣做可以嗎？」

如果你做不了某件事情，不必感到尷尬。只需要告訴朋友，你不加入就好了。如果朋友追問原因，你不必強迫自己跟他們分享。你還可以這樣回應：「我父母不讓我參加。」或「我和家人已經約好了。」

如果朋友要求做一些非法或危險的事，你可以拒絕：「我不想這樣做，你也不該做。」儘快離開，然後找成人協助。

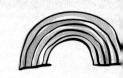

保持樂觀

即使現在你的心裏看似烏雲密布，但總會雨過天青！

71 不要怪責自己

你有沒有試過感到挫敗，覺得自己本來可以付出更多努力、做得更快或更好？你不是唯一有這種想法的人，每個人不時都會這樣想。你總是對自己要求最嚴格的人，凡事追求完美。當然這並沒有錯，但你偶爾也要休息一下。不會天天都這麼糟糕，人生裏總有一些好日子。請記住明天又是新的一天！

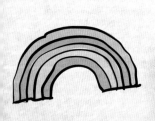

72 不要跟別人比較

你只可以跟一個人比較，那就是你自己！你今天有做得比昨天好嗎？這才是值得你關心的事情。每個人學習和成長的速度都不同：有人在測驗中得到好成績，並不代表你也要獲取同樣的成績；對手在足球場上入了球，並不代表你的傳球技巧不高超。

每個人都有不同的長處，而生活中總有很多事情是別人做得比你好，但同時會有人做得比你差。你唯一需要關注的人，應該是你自己。那就為今天的你而滿足，也為你盡力做好每件事而自豪吧！

73 正向思考

當事情跟你所想的不一樣時，你很容易會生氣，而且這個情緒通常反應得很快！但凡事都有兩面，只要換個角度，就會有截然不同的想法。你可以選擇不發怒，反而樂觀地面對。樂觀的意思就是在逆境中，仍能找到好的事情。

> 雖然我扭傷了腳踝，但我仍然可以在運動場外給隊友和教練打氣。

> 專題報告的成績雖然不太好，但老師鼓勵我，希望我下次做得更好。

> 雖然外面下着雨，但我可以跟家人一起閒聊，真開心呢。

74 愛自己

拿出一張白紙和一枝筆，很容易就可以在紙上寫出你喜歡好友的三個理由，對吧？但如果要寫出你喜歡自己的三個理由呢？請想一想，是什麼令你與眾不同？你的朋友和家人為什麼喜歡和你待在一起？

仁慈　有趣

聰明

堅強　友善

體貼

有創意

勇敢

75 充滿自信

信心是關鍵！有一個簡單的方法可以讓你向別人展示信心，那就是擺出充滿自信的姿態！你首先要抬頭挺胸，挺直身子，然後眼望前方，再把雙手放在背後，這樣就完美了！現在請想像你昂然披上超級英雄的披肩，讓它在身後隨風飄揚的樣子，多威風啊！

以這種威風凜凜的姿態站在鏡子前，讓你看似無所畏懼，對嗎？告訴你一個秘密，即使你感到沒有自信，但這樣站立能讓你看來信心倍增！

不要以惡報惡

就算有人對你不好，你也沒有權力以惡報惡。你可以請他們停止這樣做，然後離開，去找成人幫忙。

76 不要怨恨

怨恨是指別人向你道歉後，你還耿耿於懷，仍然感到生氣。雖然朋友說了或做了一些對你不好的事，但既然他們誠心道歉，你何不試試原諒他們呢？你也不想因為一些小事，而失去一段美好的友誼吧。有些事當下對你來說可能很重要，但隨着時間過去，你便會發現那根本沒有什麼大不了。

跟小狗到
戶外玩耍。

到外面的
籃球場射
球。

到公園、
郊外或沙灘
撿垃圾。

77 多到戶外去

你知道我們需要太陽才能生存嗎？這
是千真萬確的！沒有太陽，植物就不
能生長，我們也會冷得發抖，而且不
能吸收足夠的維他命D。維他命D使
我們的骨頭變得強壯，有人甚至說陽
光能讓我們更快樂。沒有騙你，每天
曬曬太陽就跟刷牙同樣重要，你好應
該天天到外面走走呢！

跟朋友到
戶外玩耍。

在公園
裏看書。

走路或
騎單車
去上學。

進行戶外
活動要做好
保護措施

天氣炎熱時要塗上防
曬霜，天氣寒冷時則
戴上帽子和手套。

到郊外
野餐。

78 不要沉迷使用電子產品

電視機、平板電腦、手提電腦、智能手機……現今的孩子實在花太多時間盯着電子屏幕了。當然，電子產品裏有很多有趣的遊戲、影片、節目和短訊等着你去看，但不時也要放下它，遠離屏幕一會兒。除了讓眼睛休息外，大腦也可以稍作歇息。不看屏幕的話，你還可以……

跟着新食譜來烹調一些簡單又好吃的東西，例如巧克力曲奇餅。
（記得請成人幫忙！）

看看窗外的風景。

到圖書館借一本關於魔術、手工藝或科學實驗的書來看。

與家人一起玩拼圖、桌上遊戲或積木。

嘗試創作故事、歌曲、漫畫或詩，還可以加上插圖！

離線生活！

請父母在下午關掉無線寬頻連線，或是一起交出電子產品一整天，甚或整個周末！

我已盡了力溫習默書。

朋友說喜歡我的襯衣。

我說的笑話令朋友捧腹大笑！

79 為小事感恩

今天天氣真好！

試試每晚臨睡前，回想一下今天發生了什麼值得感恩的事。至少要說出三件事，即使是微不足道的小事也可。你還可以在吃晚飯前邀請家人說一說，這將會是個不錯的家庭活動呢！

老師生日那天，我們一起吃紙杯蛋糕。

80 加入體育團隊

當你加入體育團隊，便能跟隊員建立友誼，又會學到新技能，還可養成健康的習慣。你知道嗎？以上種種都能讓你變得更快樂！緊記要遵循自己的興趣和夢想，不要因為你的朋友而參加。趕快加入一個令你振奮的體育團隊吧！你可以考慮一下右面的體育運動：

☑ 籃球
☑ 羽毛球
☑ 體操
☑ 曲棍球
☑ 棒球
☑ 足球
☑ 花式溜冰
☑ 騎馬
☑ 游泳
☑ 網球

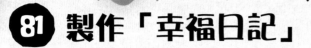

81 製作「幸福日記」

把空白的筆記簿變成能夠治癒痛苦的「幸福日記」。你可以在筆記簿裏列出所有能夠令你開心的事情——或寫，或繪畫，或剪貼，沒有規則，你可以用任何方式來表達！每當你心情不佳，就打開它尋回笑容。你可以試試加入以下內容：

☑ 你喜歡的歌詞

☑ 快樂的回憶

☑ 你最喜歡的人

☑ 令你發笑的照片

☑ 你最喜歡的地方

☑ 無聊的笑話

☑ 讓你會心微笑的名言

健康飲食

食物是身體和大腦的燃料，你吃得越健康，你的身體和大腦就越健康。

82 每天吃早餐

相信你早已聽說過早餐是一天之中最重要的一餐，那麼為什麼這麼多人不吃早餐呢？那是因為早上太匆忙，人們總是不夠時間吃早餐。但是早餐真的很重要，它值得你提前15分鐘起牀來大吃一頓。以下提供一些簡單的早餐食譜，能讓你每天都有一個好開始！

雜莓乳酪配穀麥，加少量蜜糖

花生醬多士，再放上香蕉片和葡萄乾

英式鬆餅配芝士、煎蛋和番茄

穀麥和自製乳酪奶昔

全麥麵包再放上雞蛋和番茄

甜椒炒蛋配芝士，再加一片多士

蘋果肉桂燕麥粥

穀麥營養棒、一根香蕉和一杯牛奶

83 吃健康的零食

零食的種類繁多，當中有一些不太健康，例如巧克力條和薯片。健康的零食可以填飽肚子，又不會引致血糖不穩定。別忘了吃零食的目的是果腹，讓你在吃下一頓飯前能集中精神。當你肚子餓的時候，就很難專心上課，更有可能變得脾氣暴躁。不過，健康的零食能使大腦充滿力量，還能讓你心情愉快。

☑ 水果，例如葡萄、蘋果或香蕉

☑ 西芹條配花生醬

☑ 紅蘿蔔條配鷹嘴豆蓉

☑ 塗上花生醬的米通餅

☑ 葡萄乾、果仁和爆谷混合而成的雜錦零食

84 多吃水果和蔬菜

如果不吃水果和蔬菜，你就活不下去。它們含有豐富的營養，例如維他命和礦物質，能讓你保持健康強壯。孩子每天需要攝取大約5份水果和蔬菜，然而大部分孩子都吃不夠這些健康的食物！

彩虹飲食法

你的碟子要像七彩繽紛的彩虹那樣，放滿不同顏色的食物。若你的碟子裏通常只有白色和啡色的食物，那就表示你可能吃不夠水果和蔬菜。

試一試！

請家中的成人幫忙，試試參考以下食譜，在飲食中加入不同的水果和蔬菜。

紅蘿蔔

紅蘿蔔能讓雙眼保持健康，嘗試切成紅蘿蔔條，用來蘸鷹嘴豆蓉吧。

西蘭花

這種綠色蔬菜含有多種維他命和礦物質，用它來炒蛋或做意大利麵都非常美味！

甜椒

甜椒的味道不辣，還含有豐富的維他命。你可以把它切碎來炒蛋，或是切片來做三明治的餡料。

椰菜花

椰菜花雖然沒有繽紛的顏色，但它對你很有益。你可以把它搗碎來吃，吃起來就像薯蓉一樣呢。

葡萄

葡萄有助血液流動和保持心臟跳動。而且它容易攜帶，是很方便的零食。

橙

橙有助你身體補充維他命C！吃橙比喝橙汁更有益，建議你在早餐或午餐加幾片橙作為飯後水果。

蘋果

蘋果是另一種容易攜帶的零食，而且對腦部有益。記得吃蘋果時要連皮吃！

藍莓

藍莓雖然細小，但它是非常健康的水果。你吃麥片、乳酪或燕麥粥時，可以在上面灑幾顆藍莓，或是加進奶昔一起吃。

💡 資訊速遞！

不愛吃蔬果該怎麼辦？

你不必生吃清淡的水果和蔬菜，試着以另一種方式來烹調，例如煮湯或攪拌成奶昔。

你也不必單吃一種水果或蔬菜，嘗試在乳酪或燕麥粥上加一些水果粒，在三明治裏夾一些蔬菜，或是把蔬菜切絲來做涼拌沙律。

如果你不喜歡蔬菜未經煮熟時的味道，你可以改為蒸、焗或烤蔬菜，味道會很不一樣呢！

充分休息

忙碌的生活有時是很有趣，它令你感覺自己大有作為。你還可以去不同的地方，遇上許多人，但最好能夠找到平衡。

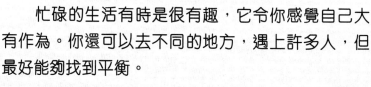

85 休息一會

什麼才算是休息？當你有一些時間讓自己放鬆下來，那就是休息了。你可能會做自己想做的事情（不是因為你必須做），或只是坐下來發呆。你每天都需要在忙碌和輕鬆之間取得平衡，右面的建議也許能讓你為今天增加一點安靜的時間。

- 躺下來15分鐘，隨意做白日夢。

- 寫日記或靜靜地塗鴉。

- 坐下來看看書。

- 與家人一起在家附近散步。

86 感受自己的呼吸

你上一次意識到自己的呼吸是在什麼時候？呼吸是很自然的，以致你察覺不到自己在呼吸。但深呼吸有助你平靜和放鬆，特別是當你感到焦慮的時候。若你覺得緊張或害怕，你的呼吸會比平常急促，甚至屏住呼吸。這時，你可以透過改變呼吸的方式，嘗試令自己冷靜下來。深深吸一口氣，一直數到三，然後慢慢呼氣，再次數到三。重複做幾遍，直至你感覺好一點。

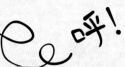

呼！

87 充足睡眠

你的身體就像電池一樣，必須每晚充電。而唯一讓你恢復精神的方法，便是睡眠。小孩子需要的睡眠時間較長，每晚要睡9至12小時！

為什麼你需要睡這麼久？原來在你睡覺時，發生了很多厲害的事情：大腦會把記憶分類儲存好，體溫會冷卻下來，身體會逐漸生長和增強肌肉。

如果你睡眠不足，身體就無法完成它必須做的事情。此外，缺乏睡眠更會有不良後果：你在學校難以集中精神，甚至會更容易患上感冒。快讓你的身體休息一下，立即去睡覺吧！

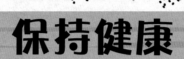

保持健康

你的身體除了需要食物和睡眠外，還需要活動一下，才能正常地運作。

88 活動身體

做運動能令你快樂，讓你精力充沛，更有助入睡。然而這只是其中一些好處，厲害吧？你可能會以為「活動身體」就是指做運動，但其實有很多不同方式去活動，只要一直在動就行了！這天你有多少時間是坐着不動的？小孩子每天大約要活動60分鐘，當然你不必連續活動一小時，而且站着、走路或玩耍都可以。右面是一些活動建議，你可以試試看：

- 走路或騎單車去上學。

- 做家務。

- 與家人在飯後散步。

- 站起來玩電子遊戲機。

- 跟朋友在附近的公園玩耍。

- 跟着音樂來跳舞。

89 參加跑步或步行比賽

大家一起參加慈善跑步比賽吧！這不但可讓我們舒展筋骨，還能支持公益活動，真是一舉兩得！你或許需要付報名費，那是捐給慈善機構，或用來推動重要的社會議題，引起關注。

一公里賽程的距離跟繞着足球場走27圈差不多，你可以選擇跑步或步行。如果你打算事先進行訓練，那就得在正式比賽前數星期或數個月裏，每天或每隔幾天便和家人一起練習跑步或步行一段距離。你也可選擇參加一些較短賽程的比賽，例如親子慈善跑。到了比賽那天，當你衝過終點時，你會感覺自己好像冠軍跑手！聽到很多人為你歡呼！

90 喝充足的水

以一個成年人來計算，人體約有百分之六十是由水組成。你的身體需要水才能生存，但你每天都會失去水分，例如流汗。你越好動，就感到越口渴，對吧？因此，喝充足的水是很重要的。尤其在運動過後，你更需要喝水。喝水可以補充體內流失的水分，小孩子每天至少要喝5杯水。當然這並不包括汽水和茶，因為這些飲料裏含有糖分和咖啡因，不但補充不了水分，反而會使你的身體缺水。

👆 **坐言起行！**

香港每年都有不少馬拉松活動，例如渣打香港馬拉松、聯合國兒童基金會慈善跑等。這些活動均設有少年和親子組別，你能以個人名義參加比賽，或是與家人一同參與。立即在網上搜尋報名資訊和舉辦日期，訂下訓練時間表吧！

發掘自己的興趣

做自己喜歡的事情時，你會感到很開心。它可以讓你放鬆心情，使你暫時忘記煩惱，還帶給你有趣的挑戰。

91 每天做一些喜歡的事情

有什麼事情總能令你開心？（第87頁「幸福日記」或許能幫助你回答問題！）不管是什麼事情，每天花點時間去做。即使只有5分鐘也好，仍然是你的「私人時間」。

 聽音樂

 和弟弟一起玩

 睡前閱讀

 練習打籃球

 淋浴時高歌一曲

92 多閱讀

閱讀是終身興趣！不管你年紀如何，你都可以閱讀！而且世上有這麼多好書，何不立即投入書本的世界呢？

書籍可以教導你應付不同的情況，幫助你處理問題；又能讓你在字裏行間，體味別人的一生；還會在紙上帶你遠行，穿梭古今，了解歷史；更是一道橋樑，給你與書中人物交流的機會。

你可以嘗試開辦讀書會，讓閱讀成為你生活中重要的一環。邀請你的朋友和家人加入，然後輪流選一本大家都會看的書。約一個月後相約一起討論，互相分享讀後感。你們可以說一說右面的內容：

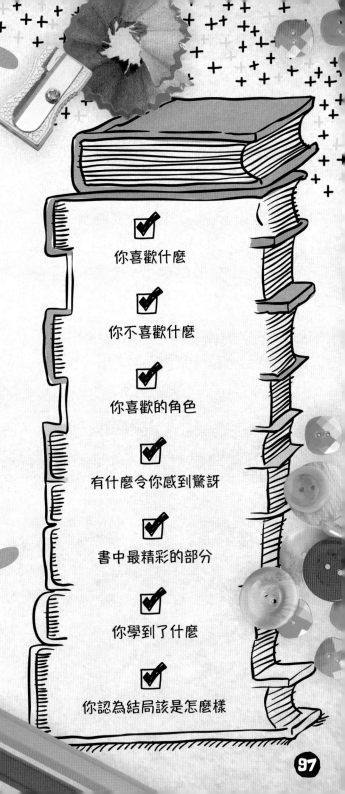

☑ 你喜歡什麼

☑ 你不喜歡什麼

☑ 你喜歡的角色

☑ 有什麼令你感到驚訝

☑ 書中最精彩的部分

☑ 你學到了什麼

☑ 你認為結局該是怎麼樣

創造溫暖的家庭時間

你和家人永遠都會在彼此身邊，這種家庭關係是無可取代的。

93 讓自己被愛包圍

你看見「全家福」時會笑嗎？當然會啦！當你不在家，或是你父母或監護人在外遊，而你掛念他們時，照片就能讓你感到安慰。

請成人幫忙，把你最喜歡的家庭照片沖印出來放進相框，然後放在你的牀邊、書桌上、儲物櫃裏、鏈墜內或繫在鑰匙上。不要忘記寵物也是你家庭的一分子！看到照片了嗎？現在你無論去到哪裏，都被愛包圍着。

94 把時間留給你愛的人

雖然你不能選擇家人，但你可以選擇無條件地愛他們。多親近你的父母、兄弟姊妹、家族成員和任何你把他當作家人的人，你才不會後悔！

與家人一起製造回憶、分享故事，嘗試真正了解他們。你和兄弟姊妹現在可能不是最要好的朋友，但隨着年齡增長，他們將會成為你生命中很重要的人。你可以從父母、祖父母或其他長輩身上學到很多東西，哪怕有時候你不同意他們的想法。

請父母或祖父母帶你去他們童年時代喜歡去的地方。

翻看父母或祖父母在你這個年紀時拍的照片。他們玩什麼玩具？喜歡做什麼運動？

舉行家庭活動，例如周日晚上客廳電影院或壽司放題之夜。

每個月找一天，跟媽媽（或爸爸）單獨外出度過。

創造只有你和家人才知道的秘密暗號。

為每位家庭成員慶祝農曆和新曆生日，在那天要讓他們覺得自己格外特別。

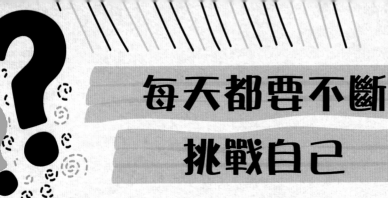

每天都要不斷挑戰自己

成長的唯一方法就是把自己從舒適圈推出一點點。

95 訓練思維

迷宮、數學難題、單詞檢索遊戲……任何類型的謎題都能讓你轉動腦筋，而且是很好的大腦運動。沒錯！你需要活動一下腦袋，就像你的身體需要做運動一樣。

考考你

什麼東西有四隻腳卻不能走路？

答案：床、桌子、椅子。

考考你

什麼東西可以環遊世界，卻一直留在角落裏？

答案：郵票。

嗯嗯！

試着全家人一起拼一幅大拼圖。

自創一個單詞檢索遊戲，給你的朋友玩。

選一本填字遊戲或腦筋急轉彎的書來看。

自己編寫密碼，例如用不同符號來表示文字的部首和部件，然後拼寫出一段秘密信息。

96 訓練記憶

你有沒有覺得自己的記憶力不太好？
好吧，也許你只需要一些練習。

有很多技巧可以幫助你記憶，例如寫下來、大聲朗讀出來、編成一首歌或一首詩、想像成圖畫而不是嘗試記住文字，或者構思一些記憶策略。

隨便選一些事物，然後嘗試記住它，例如：

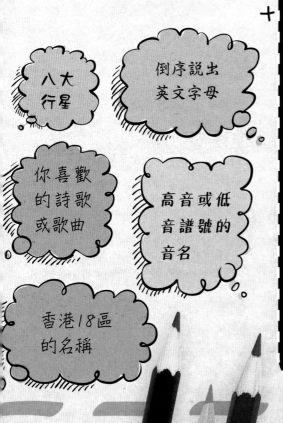

八大行星

倒序說出英文字母

你喜歡的詩歌或歌曲

高音或低音譜號的音名

香港18區的名稱

💡 資訊速遞！

什麼是記憶策略？

它是讓你有效地記住事物的技巧，比如溫習英文背默時可以選取每個單詞的第一個字母，把它們編成一句話，來幫助你記住正確的順序。看看以下示範：

八大行星的順序

Mercury（水星）－Venus（金星）－Earth（地球）－Mars（火星）－Jupiter（木星）－Saturn（土星）－Uranus（天王星）－Neptune（海王星）＝My Very Elegant Mother Just Served Us Noodles.（我那非常高貴的母親剛剛煮了麵給我們吃。）

Every Good Boy Does Fine

你還可以利用這個記憶策略來記住高音譜號的音名。

笑話一則

學生最怕什麼魚？
東星斑！
（因為don't升班。）

哈哈！

笑話一則

一頭牛到了美國
會變成什麼？
Cow!
（因為美國是說
英語的。）

呵呵！

97 說笑話

笑話能逗人笑。那可不是開玩笑的！讓別人發笑很可能也會讓你哈哈大笑──嗯，至少能令你微笑吧。如果你充滿創意，不妨試着自己創作笑話。或是從圖書館借一本笑話書來看，然後把你最喜歡的笑話記下來，親自演繹給家人或學校裏的朋友。小孩子也愛聽笑話，你可以選一些笑話來跟弟妹、表弟妹或鄰居的小朋友分享呢。

笑話一則

為什麼數學書
這麼傷心？
因為數學書裏有
很多難題。

笑話一則

有一個字不管你怎麼
寫都會寫錯，那是什
麼字呢？
是「錯」字。

笑話一則

為什麼懶惰的小明想將來
當眼科醫生，而不想當
牙科醫生？
因為人只有一雙眼睛，
卻有32顆牙齒。

嘻嘻！

98 做一些令你害怕的事情

俗語說「沒試過永遠不知道結果」，你可能已經遇過不少次類似的情況。走出自己的舒適圈的確很可怕，但同時會令你感到興奮！與其害怕失敗，倒不如為自己能夠抓住機會而自豪吧。

如果你一直不敢做以下事情，現在就鼓起勇氣試一試吧！

忍受害怕

假如你感到害怕，試想一想：最壞的情況會是怎樣呢？這可能不如你想像的那麼糟糕。

 主動舉手回答老師的問題。

 加入一個沒有朋友參加的興趣小組。

 參加班長選舉。

 在餐廳裏自己點餐。

 參加學校話劇的試鏡。

 在家人或朋友面前表演唱歌或跳舞。

 在朋友的家裏過夜。

多點與人分享

分享等同關懷別人，同時是關心自己。因為當你跟其他人分享時，你也會覺得很開心！

99 分享你的才能

你最擅長做什麼？踢足球？交朋結友？解決數學難題？唱歌？每個人都有自己的專長，你應該引以為傲。與他人分享你特有的才能，將會為他們和自己的生活帶來喜悅。

如果你擅長表演……

大家都喜愛歌手、舞蹈員、喜劇演員和樂手，你可以試試到老人院為老人家表演。

如果你成績很好……

當朋友或弟妹功課有不明白的地方時，你可以教教他們。或是請老師和家長安排，讓你替住在附近的小朋友補習。

如果你善於交際……

給一個害羞或孤獨的孩子介紹朋友。你可事先運用自己的交際技巧，找出他們共同的興趣，然後引導他們談及相關話題。

🄝🄝🄝 分享你的感受

如果你把所有感受放在心裏，終有一天會像火山那樣大爆發！分享感受並不是要把你心底的秘密告訴身邊的每一個人。你只須表達自己的感受，而不是把它藏在心裏。如果你遇到以下的情況，不妨說出來：

當你遇到難過的事情，可以告訴父母。

如果有朋友讓你傷心，就坦白說出原因。

跟朋友或兄弟姊妹談談讓你生氣或煩惱的事情。

當別人使你開心，就以笑容回應吧！

借出耳朵！

如果別人想跟你分享他們的想法或感受時，請務必仔細聆聽。你甚至不用回應太多，有時候他們只是需要一點支持。靜靜地聆聽便好！

養成寫日記的習慣，每晚臨睡前寫下你的想法。

為改變自己踏出 第一步

如果每個人都邁出一小步,那就能產生很大的影響。

 101 展開一個新習慣

你已經讀完這本書了,現在是時候選一個你想先嘗試的行動。那就是這本書的目的了!

你可以先選擇一些能令你感到興奮,而且只須用一點點努力就能做到的行動。你會想從幫助別人、拯救地球還是支援自己開始呢?是不是希望先選一些小事,比如每次刷牙時關掉水龍頭?或者乾脆做一番大事,比如在學校組織活動?這並沒有正確或錯誤的答案。

不過一旦有了決定,就想清楚你今天該如何展開這個新習慣。不要推到明天,而是馬上開始!你可能需要父母、朋友或老師的准許和幫忙,那就立即問問他們的意見吧!

宣揚開去

這本書中提出的行動足以改變世界,快鼓勵朋友和家人一起行動吧!若有更多人願意出一分力,一定能發揮更大效用!

逐步解決

面對難關有時會令人不知所措。請你不要氣餒，保持積極的態度，逐步解決問題。時刻謹記：每一小步都有幫助。

充滿自信

成功嘗試其中一個行動後，不妨讚賞一下自己！那是獎勵你全力以赴，還樹立了一個好榜樣。

保持樂觀

如果事情沒有按照你所想那樣進行，不用擔心。你可以再試一次，或是改為嘗試另一個行動。不要緊，只要盡力便足夠。

向前看

堅持下去！一旦成功培養一個習慣，就試試其他吧。請記住：個人的力量雖然微小，但持之以恆一定會有很大影響！

自我檢測表

以下是這本書提出的所有行動，如果你已經做到了，就在前面的空格裏加✓。

關愛別人

- [ ] 1 保持微笑！
- [ ] 2 主動跟轉校生說話
- [ ] 3 感謝別人的付出
- [ ] 4 教同學做功課
- [ ] 5 勇敢地面對欺凌
- [ ] 6 散播善意
- [ ] 7 隨時當個小幫手
- [ ] 8 組織學校活動
- [ ] 9 為朋友打氣
- [ ] 10 給朋友一個擁抱
- [ ] 11 稱讚朋友
- [ ] 12 衷心慶賀朋友的成就！
- [ ] 13 分擔家務
- [ ] 14 稱讚家人
- [ ] 15 對家人表達關心
- [ ] 16 捐獻給動物收容所
- [ ] 17 救救寵物
- [ ] 18 減少吃肉
- [ ] 19 讓大自然強大起來
- [ ] 20 捐贈舊物品給小孩子
- [ ] 21 捐贈頭髮
- [ ] 22 捐贈體育用品或器材
- [ ] 23 捐贈食物
- [ ] 24 舉行義賣籌款
- [ ] 25 用捐贈代替禮物
- [ ] 26 每月捐出部分零用錢
- [ ] 27 做義工
- [ ] 28 要有禮貌
- [ ] 29 主動幫忙
- [ ] 30 向鄰居分享閱讀習慣
- [ ] 31 常存好奇心
- [ ] 32 學習急救
- [ ] 33 參與童軍活動

愛護地球

- [ ] 34 拔掉電器的插頭
- [ ] 35 關上電燈
- [ ] 36 乘坐私家車前請三思
- [ ] 37 留意環保資訊
- [ ] 38 妥善回收廢物
- [ ] 39 撿起垃圾
- [ ] 40 堆肥
- [ ] 41 自製文件盒
- [ ] 42 自製花盆
- [ ] 43 收納整理
- [ ] 44 自製玩具
- [ ] 45 向塑料說「不」
- [ ] 46 每天都自備可重用的容器
- [ ] 47 購物時請自備環保布袋
- [ ] 48 購買舊物品
- [ ] 49 每年重用學習用品
- [ ] 50 購買本地商品
- [ ] 51 購買大包裝的物品
- [ ] 52 減少購買

- [ ] 53 跟朋友以物易物
- [ ] 54 向別人借東西
- [ ] 55 善用數碼科技
- [ ] 56 紙張兩面都要使用
- [ ] 57 植樹
- [ ] 58 減少使用抹手紙和紙餐巾
- [ ] 59 減少淋浴時間
- [ ] 60 關掉水龍頭
- [ ] 61 種植不用勤澆水的迷你盆栽
- [ ] 62 洗衣服時要有環保意識
- [ ] 63 耕種植物
- [ ] 64 大聲說出來！
- [ ] 65 參觀國家公園
- [ ] 66 感染別人

珍惜自己

- [ ] 67 成為自己的忠實擁躉
- [ ] 68 尋求協助
- [ ] 69 說「好」
- [ ] 70 說「不」
- [ ] 71 不要怪責自己
- [ ] 72 不要跟別人比較
- [ ] 73 正向思考
- [ ] 74 愛自己
- [ ] 75 充滿自信
- [ ] 76 不要怨恨
- [ ] 77 多到戶外去
- [ ] 78 不要沉迷使用電子產品
- [ ] 79 為小事感恩
- [ ] 80 加入體育團隊

- [ ] 81 製作「幸福日記」
- [ ] 82 每天吃早餐
- [ ] 83 吃健康的零食
- [ ] 84 多吃水果和蔬菜
- [ ] 85 休息一會
- [ ] 86 感受自己的呼吸
- [ ] 87 充足睡眠
- [ ] 88 活動身體
- [ ] 89 參加跑步或步行比賽
- [ ] 90 喝充足的水
- [ ] 91 每天做一些喜歡的事情
- [ ] 92 多閱讀
- [ ] 93 讓自己被愛包圍
- [ ] 94 把時間留給你愛的人
- [ ] 95 訓練思維
- [ ] 96 訓練記憶
- [ ] 97 說笑話
- [ ] 98 做一些令你害怕的事情
- [ ] 99 分享你的才能
- [ ] 100 分享你的感受
- [ ] 101 展開一個新習慣

延伸思考

　　這本書只提供了一些改變世界的行動，相信還有更多更多其他的途徑。如果你有什麼驚人的想法，那就把它寫／畫下來吧！

完成後，你可以向朋友公諸同好，或是掃描這一頁，然後電郵至 **marketing@sunya.com.hk**。我們會選出最有創意的想法，放在新雅文化的**Facebook**專頁上分享！